I 42
2101

DISCOURS

Prononcé le 30 Ventôse an 7.me

JOUR DE LA FÊTE DE LA SOUVERAINETÉ
DU PEUPLE,

Au champ de Mars à Bastia,

PAR LE CITOYEN

RAIMOND-HIPPOLITE LIBERAL

Sous-lieutenant des Grénadiers au 2.me
Bataillon de la 80.me Demi-brigade
d'Infanterie de Bataille.

A BASTIA.

De l'Imprimerie d'Etienne Batini Imprimeur
du Département du Golo.

DISCOURS.

QUelle fête auguste que la fête de la Souveraineté du Peuple; que de grandeur elle imprime à l'ame. Ce n'est pas une petite portion d'hommes superbes qui se réunissent pour insulter par l'arrogance à la simplicité de l'homme sage. C'est le Peuple qui est debout et qui vient célébrer son indépendance; le Peuple qui, fier de ses droits recouvrés, vient en proclamer l'existence. C'est la Nation entière dans l'enthousiasme qui vient confondre les élans de son énergie; la Nation Française libre, fière, indomptée, invincible; la Nation Française qui fait trembler les rois et brise les fers des peuples; la Nation Française l'ennemie irréconciliable des tyrans. Les tyrans, ils nous fixent, ils nous veillent, ils s'agitent encore, ils ourdissent des manœuvres secretes; et nous dans la tranquillité de nos ames, dans la confiance de nos forces, dans la sûreté de notre courage, nous détournons nos yeux du vil tableau de la servitude et de la corruption, et nous venons nous occuper de nous-mêmes, nous livrer au sentiment de notre puissance, de notre Souveraineté. Souveraineté chérie, que de maux il fallut braver pour l'acquérir, que de privations, que de souffrances! Français, sachons

DISCORSO.

Qual festa augusta è mai la festa della Sovranità del Popolo! quanta grandezza inspira ella al cuore! Non è questo un piccolo numero d'uomini superbi che si riuniscono per insultare colla loro arroganza alla semplicità dell'uomo saggio: È il popolo alzato che viene a celebrare la sua indipendenza; il Popolo che fiero de' suoi diritti riacquistati proclamane la loro esistenza. È la nazione intiera nell'entusiasmo, che unisce gli slanci della sua energìa: la Nazione Francese libera, fiera, indomabile, invincibile; la Nazione Francese che fa tremare i re, e spezza i ferri de' popoli; la Nazione Francese, la nemica irreconciliabile de' tiranni..... I tiranni ci guardano, ci spiano, s'agitano ancora, e cospirano nell'ombra; e noi nella tranquillità dei nostri animi, nella confidenza delle nostre forze, nella sicurezza del nostro coraggio rivolgiamo i nostri occhj dal vile quadro della schiavitù, della corruzione, per occuparci di noi medesimi, e darci in balìa al sentimento della nostra potenza, della nostra Sovranità. Sovranità cara! quanti mali si è dovuto sprezzare per acquistarla! quante privazioni! quanti patimenti! Francesi, sappiamo conservarcela col mezzo della virtù. Deh questa ci apporti, dopo tante burrasche,

la conserver par des vertus. Qu'elles nous donnent le calme après tant d'orages! Ainsi le printemps dissipe les frimats de l'hiver; le beau printemps il vient vivifier tous les êtres, l'amour avec lui vient ranimer la nature; Français, renaissons avec elle; oublions ce que nous avons souffert; ne songeons qu'aux jours heureux de notre indépendance.

Et vous, Corses, que votre nom s'allie au nom de la mère commune pour ne former avec elle que le même vœu. Vous, Corses, peuple de la nature, enfants de la liberté. Elle n'étoit qu'une chimere pour le monde, pour vous seuls elle étoit le mobile et la reine des ames. L'Europe avilie n'étoit pas digne d'elle. Son asyle fut dans vos rochers arides, et sur ces rochers vous défiâtes vos tyrans et vous les vainquîtes. Pour elle vous oubliâtes tout, même les affections les plus cheres; vous sûtes quitter le sein d'une épouse, le bras d'une amante pour défendre la Patrie; vous ne songiés qu'à la Patrie en périssant pour elle dans les combats. Les rois du haut de leur trône vous traitoient de barbares; et sous la bure de vos habits, sous les déhors de la rudesse, vous seuls peut-être alors étiés des hommes, vous étiés plus que les rois; ils envoyèrent contre vous leurs armées, et vous dûtes succomber sous l'immensité du nombre; mais vos défaites vous valurent plus de gloire que la victoire n'en acquit à vos op-

la calma, come la primavera dissipa le brine dell'inverno; la bella primavera viene a vivificare tutti gl'esseri. Con essa l'amore viene a rianimar la natura: Francesi, rinasciamo con questa, scordiamoci tutto ciò che abbiamo sofferto, e non pensiamo che ai giorni felici della nostra indipendenza.

E voi Corsi, che il vostro nome si unisca al nome della madre comune per non formare che un medesimo voto con essa! Voi Corsi, popolo della natura, figli della libertà. Questa non era per il mondo che una chimera, per voi soli era il mobile e la regina de' vostri cuori. L'Europa avvilita non n'era punto degna. Le vostre aride roccie furono il suo asilo; fu sopra queste stesse roccie che voi sfidaste i vostri tiranni e li vinceste: Per essa voi scordaste il tutto, medesimamente le affezioni più care. Per difendere la Patria voi sapeste abbandonare il seno di una sposa, le braccia di un'amante: voi non avevate altro pensiero che la Patria quando perivate per essa nelle battaglie. I re dall'alto del loro trono vi trattavano da barbari, eppure sotto i vostri abiti grossolani, sotto l'esteriore rustico voi soli forse allora eravate degli uomini; voi eravate al disopra de' medesimi re. Inviarono eglino le loro armate contro di voi, e voi doveste soccombere al numero straboccheνole. Le vostre disfatte però vi resero più gloriosi che

presseurs. Vous futes libres encore sous le regne des rois parceque la liberté ne dépend pas des événemens ou du malheur des circonstances; Elle dépend du cœur de l'homme. Les Français asservis eux-mêmes vous asservirent. Mais telle étoit la destinée des choses pour le bonheur de la France, que le peuple qui vous avoit vaincu devoit prendre de vous l'exemple du civisme et de l'énergie. Vous futes souverains avant nous, braves Corses. On ne nous distinguoit encore que par les arts et le courage peut-être : parloit-on de la liberté, il ne falloit alors ne parler que de votre Patrie. Mais nous avons confondu nos sentimens et nos ames pour ne former que le même peuple. Corses, vous nous avés transmis vos ames énergiques, votre amour pour l'indépendance, recevés des Français les biens qu'ils possedent, l'éducation et les mœurs. Libres et souverains ne formons qu'un pour la Patrie. Que tous les titres disparoissent devant ce titre auguste, emblême de notre force, *Républicain Français*. Unissons nos cœurs et nos bras pour le maintenir, ne formons qu'une famille de freres pour le défendre.

Peuple, l'aurore du jour qui va suivre doit éclairer l'acte sacré de ta puissance. La plus grande des Nations va se livrer elle-même au soin de sa gloire, et consacrer sa souveraineté par le choix de ses mandataires. Peuple, avant de te

la vittoria non rese i vostri oppressori. Voi foste liberi ancora sotto il regno dei re; nò, la libertà non dipende punto dagli evenimenti, nè dalle disgraziose circostanze: Ella dipende dal cuore dell'uomo. I Francesi eglino medesimi sotto il giogo, vi assoggettarono. Ma tale era il destino delle cose per la felicità della Francia, che quel popolo che vi vinse, dovesse prender da voi l'esempio del civismo e dell'energia. Voi bravi Corsi foste sovrani avanti di noi. Non ci distinguevamo ancora che per mezzo dell'arti, e forse per il coraggio; ma se si parlava di libertà, faceva d'uopo parlare della vostra Patria. Noi ora abbiamo confusi i nostri sentimenti, e le nostr'anime per non formare che un solo Popolo. Corsi voi ci trasmetteste i vostri spiriti energici, il vostro amore per l'indipendenza, ricevete ora dai Francesi i beni ch'essi possedono, l'educazione, i costumi. Liberi e sovrani non formiamo che una sola Patria. Che tutti i nomi spariscano avanti a questo nome augusto, simbolo della nostra forza, Repubblicano Francese! Uniamo i nostri cuori e le nostre braccia per sostenerlo, e non facciamo che una sola famiglia per difenderlo.

Popolo, l'aurora del giorno che va ad apparire deve illuminare l'atto sacrato della sua possanza. La più grande delle Nazioni va ad applicarsi ella stessa della sua gloria, e a consecrare la sua sovranità per la scelta de' suoi mandatarj.

livrer au sentiment sublime devant lequel doivent se taire toutes les passions et tous les sentimens, tourne les yeux vers les peuples qui t'entourent. Tu ne vois d'hommes libres que ceux qui te doivent leur gloire. Les autres courbent encore la tête sous le joug et sous le fer; ils la courbent encore! ! ! Et cette nation perfide, où tout est vénal, l'honneur même et l'homme ! Elle ose parler aussi de liberté, comme si la liberté étoit l'appanage de la turpitude. Dans ses assemblées tumultueuses, l'homme n'est plus à lui, il est à celui qui a payé son suffrage et flatté son orgueil; au tyran qu'il craint, au courtisan dont il espére : et l'artisan de ses faveurs rampant lorsqu'il avoit à craindre, insolent lorsqu'il n'a plus à désirer, appesantit les fers du peuple et profite de son ignominie. Français, vous qui méprisés les flatteurs, et qui ne craignés pas les tyrans, vous ne servirés que la Patrie. Votre choix sera le choix de vos ames. Il sera digne du sentiment qui doit la diriger. Vous exercérés l'acte de votre puissance avec la pureté du cœur éloigné de toutes passions étrangeres. Vous donnerés encore à l'état des défenseurs et des soutiens. Sur tout n'oubliés pas l'homme qui se tait, ne méprisés pas celui qui se cache, et rappellés-vous que les vertus sont toujours préférables aux talens. Français, l'acte de votre souveraineté doit consolider encore le bonheur et la gloire de la République.

Popolo, pria di abbandonarti al sublime sentimento, nanti al quale tutti i sentimenti e le passioni debbono tacere, volgi gl'occhj verso i popoli che ti circondono. Tu non vedi uomini liberi, fuorche coloro che ti devono la loro gloria. Gli altri piegano ancor la testa sotto il giogo e sotto il ferro; eglino la piegano ancora!!! È questa perfida nazione, ove tutto, l'onore, e l'uomo medesimo è venalità. Ardisce essa pure parlare di libertà; come se la libertà fosse l'appanaggio della turpitudine. Nelle sue assemblee tumultuose l'uomo non è più a se stesso, egli è a colui che gli ha pagato il suo suffragio e lusingato il suo orgoglio; egli è al tiranno che teme, al cortigiano da cui spera, artigiano vile de' suoi favori, allorche avea a temere, insolente quando non gli resta più altro a desiderare, aggrava il peso de' ferri del popolo e profitta della sua ignominia. Francesi, voi che disprezzate gli adulatori, e che non temete i tiranni, voi non servirete che alla Patria. La vostra scelta sarà la scelta delle vostr' anime, e sarà degna del sentimento che dee dirigerla. Voi eserciterete l'atto di vostra autorità con la purezza del cuore lontano da qualunque altra passione. Voi darete ancora de' difensori allo stato. Sopratutto non dimenticate l'uomo che tace, non disprezzate colui che si nasconde, e ricordatevi che le virtù devono sempre anteporsi ai talenti. Francesi, l'atto di vostra sovranità deve ancora consolidare la felicità e la gloria della Repubblica.

Et nous soldats, nous serons les témoins paisibles de l'exercice de la puissance nationale. Nous soldats, le lieu de notre souveraineté, c'est le champ des batailles. Reposons nous sur nos freres du soin de rendre la Patrie heureuse. Faut-il la faire triompher encore, nous sommes debout et nous n'avons pas dessaisi la foudre de notre courage. Soldats, nous reservons pour nous seuls les dangers et les souffrances ; la gloire est pour tous, la gloire et la liberté.

La liberté, notre amante ! notre idole ! elle vit à jamais dans nos cœurs ; qu'elle soit l'appanage de nos descendans, qu'ils sachent la conserver comme nous avons su la défendre. La gloire ! le mobile de nos ames, les lauriers dont elle a couronné nos têtes ne se flétriront jamais. Quels biens préférables aux lauriers de la gloire ! La Patrie ! elle sera heureuse et florissante, toujours l'effroi des tyrans, et l'objet du vœu des peuples. La République ! elle sera éternelle.

VIVE LA RÉPUBLIQUE.

Ce Discours a été applaudi par les assistans à la fête ; l'Administration Centrale du Département du Golo, pour satisfaire au vœu du Public, en a ordonné l'impression & l'envoi dans toutes les communes du même Département.

E noi, soldati, saremo i testimonj pacifici dell'esercizio della possanza nazionale; Noi, soldati, il luogo della nostra Sovranità è il campo delle battaglie. Riposiamoci sopra i nostri fratelli del pensiero di rendere la Patria felice. Fa d'uopo di farla trionfare ancora? Noi siamo in piedi senza aver abbandonato il fulmine del nostro coraggio. Soldati, riserviamo per noi soli i pericoli ed i patimenti, la gloria è per tutti, la gloria, e la libertà.

La libertà nostr' amante! idolo nostro! ella vive sempre ne' nostri cuori. Ch'ella sia l'appanaggio de' nostri discendenti, ch'essi sappiano conservarla come abbiamo noi saputo difenderla. La gloria! essa è il mobile delle nostre azioni; gli allori co' quali ella ha coronate le nostre teste non si seccheranno giammai. Quali beni preferibili agli allori della gloria! la Patria! Ella sarà felice, sempre adornata di fiori, e sarà lo spavento de' tiranni e l'oggetto del voto de' popoli. La Repubblica! ella sarà eterna.

VIVA LA REPUBBLICA.

Questo Discorso è stato applaudito dagli assistenti alla festa; l'Amministrazione Centrale del Dipartimento del Golo, per soddisfare ai voti del Pubblico, ne ha ordinato l'impressione e l'invio in tutte le comunità del medesimo Dipartimento.

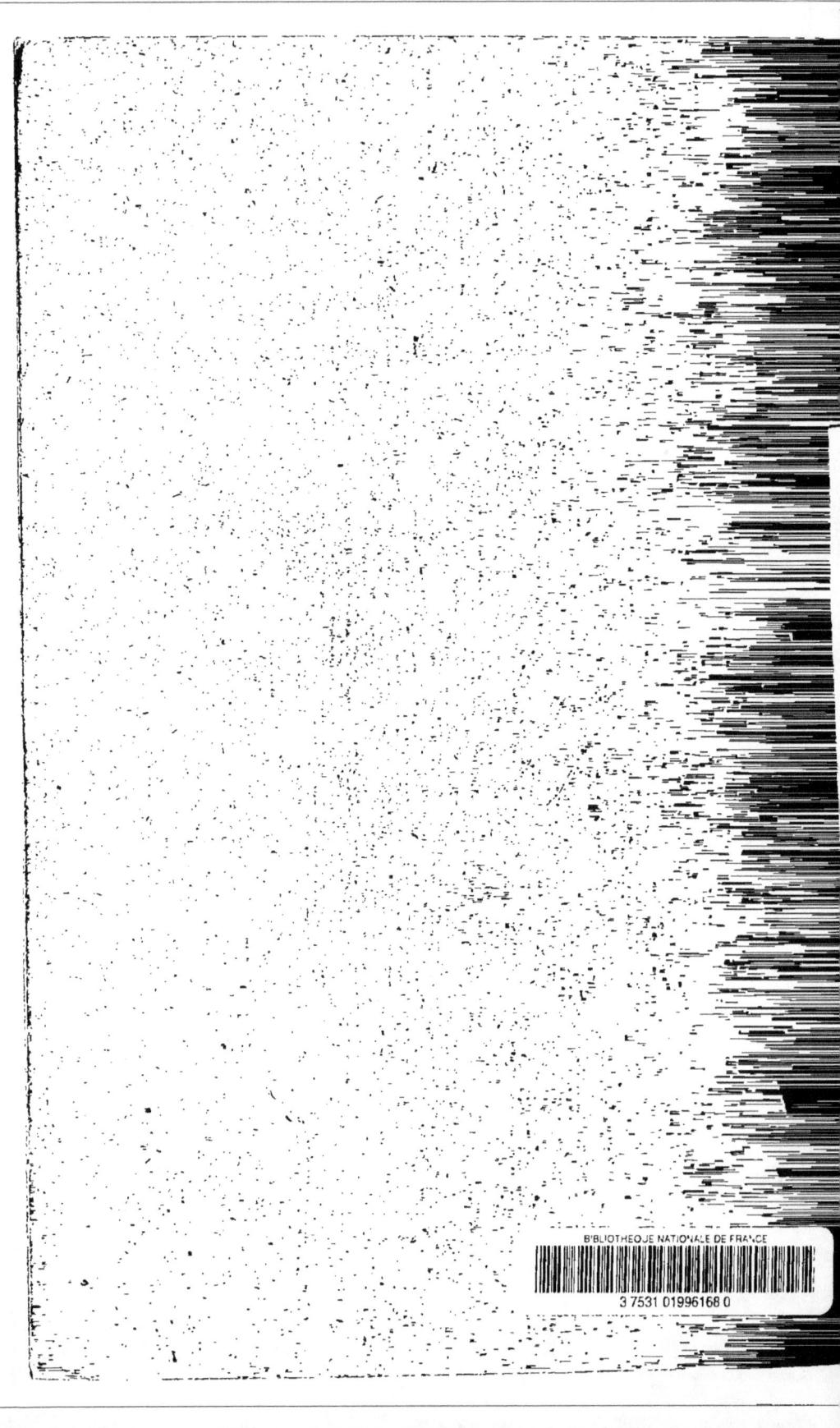

www.ingramcontent.com/pod-product-compliance
Lightning Source LLC
Chambersburg PA
CBHW071424060426
42450CB00009BA/1999